Hans Traxler

Eddy

Der Elefant,
der lieber klein bleiben wollte

Hanser

Durch die Savanne Mongorongo zieht eine Elefantenfamilie.
Es sind Eddys Mutter, seine Tanten, Großmütter und Kusinen,
seine beiden Brüder, die weise alte Großtante Agathe
und als letzter Eddy selbst.

Die Sonne brennt vom Himmel. Kaum ein Wölkchen ist zu sehen,
und der Boden ist so heiß, dass man ohne Weiteres eine Pizza darauf backen könnte.
Die Elefanten müssen sich beeilen, um das nächste Wasserloch zu erreichen.
„Mama!“, ruft Eddy kläglich. „Ich kann nicht so schnell!“

Eddy ist erst vor drei Wochen auf die Welt gekommen.
Seine Fußsohlen sind zart und rosig und brennen wie Feuer.

„Mein armer Kleiner!“, sagt seine Mutter Aglaja und bläst kühle Luft
über seine Füße. Wie schön, dass Elefanten Rüssel haben!
„Ah! Wie gut das tut!“, quiekt Eddy.

Dann darf er auf den Schultern von Tante Adele reiten.
Aber er tut es nicht zu seinem Vergnügen.
„Wenn du grüne Pogo-Bäume siehst, sag uns Bescheid!“
Wo Pogo-Bäume stehen, gibt es auch Wasser.
Eddy ist sehr stolz, dass die Herde ihm vertraut.
Er kneift die Augen zu, um besser zu sehen.

Nun wandern sie schon den ganzen Tag,
aber so sehr Eddy seine Augen zukneift,
kein Pogo-Baum ist in Sicht. Und diese Hitze!
„Wir wollen eine Pause machen“, sagt die alte Agathe.
Alle Elefanten nicken mit ihren großen Köpfen.

Sie stellen sich im Kreis auf, die Elefantenkinder in der Mitte.
So sind sie vor den Löwen geschützt,
die ihnen schon den ganzen Tag gefolgt sind.
Übermütig streckt Eddy ihnen die Zunge raus.
Er fühlt sich *sehr* sicher.

Am nächsten Tag sind sie endlich beim Wasserloch angekommen.
Aber dort herrscht ein großes Gedränge.
Jeder will sich als Erster erfrischen.
Eddy darf den Rüssel seiner Mutter als Rutschbahn benutzen.

Nach dem Bad wälzen sich die Elefanten im Sand,
der hier rot ist.
Wie komisch sie aussehen!
Besonders Eddy, der eine rote Nase hat, wie ein Clown!

Als die Herde weiterzieht, bleibt Eddys Mutter,
die vorangeht, mit einem Ruck stehen.
Was ist da passiert?

Im Schatten eines Affenbrotbaums liegt Omu,
ein alter Elefantenbulle. Es scheint ihm nicht gut zu gehen.
Wo hat er bloß seine Zähne gelassen? Armer Omu!

„Warum hat Omu keine Zähne?“, fragt Eddy seine Mutter.
„Die haben ihm die Wilderer abgeschnitten, um sie für viel Geld zu verkaufen.“
„Bekomme ich auch so große Zähne, wenn ich groß bin?“
„Ja, mein kleiner Eddy, alle Elefanten bekommen große Zähne.“
„Und was ist mit den Wilderern, Mami?“

„Wir werden alle gut auf dich aufpassen, mein Kleiner.
Und jetzt schlaf schön!“
Die Familie bildet einen Kreis um Eddy, und dann hört man
ein gleichmäßiges Schnarchen aus allen Elefantenrüsseln.
Eddy liegt noch lange wach und denkt nach.

„Habt ihr gewusst, dass die Wilderer uns Elefanten die Zähne abschneiden?“, fragt Eddy am nächsten Tag seine großen Brüder.

„Hoho!“, ruft Owango. „Das soll mal einer versuchen!
Den werf ich auf die Erde, guck mal: so!“
Und er wirft Eddy auf den Boden.

„Dann heb ich ihn hoch und schmeiß ihn ins Wasser“, sagt Yomo.
Und er wirft Eddy ins Wasser.

„Das ist ein ganz blödes Spiel!“, heult Eddy verärgert.
„Sowas will ich nie wieder erleben!“
Seine großen Brüder lachen sich schief über ihn.

In dieser Nacht beschließt Eddy, nie erwachsen zu werden.
Er will nicht, dass ihm lange Zähne wachsen.
Er will keine Wilddiebe auf die Erde werfen,
und er will sie auch nicht ins Wasser schmeißen.
Und vor allem will er nie mehr von seinen Brüdern ausgelacht werden.

Als die Familie am nächsten Morgen weiterziehen will,
herrscht helle Aufregung. Eddy ist verschwunden!
Alles Rufen hilft nicht.
Sogar die Affen und die Vögel helfen bei der Suche.
Aber da ist kein Eddy weit und breit.

Als die Sonne immer höher steigt und immer heißer auf die Erde brennt,
sagt die Anführerin der Elefantenherde, die weise alte Agathe:
„Wir müssen uns wohl damit abfinden,
dass unser kleiner Eddy von Wilddieben geraubt worden ist.
Wenn wir aber jetzt nicht weiterziehen, werden wir das nächste Wasserloch
nicht erreichen und müssen alle elend verdursten!“

Traurig macht die Herde sich auf den Weg.
Eddys Mutter dreht sich immer wieder um. Sie hofft,
dass ihr Jüngster sich nur zum Spaß versteckt hat und gleich angetollt kommt.
Aber da ist kein Eddy.
Nur die endlose, leere Savanne, über der die heiße Luft zittert.
Und der riesige Geier, der hungrig über ihnen kreist.

Während die Mutter immer noch sehnsüchtig nach ihrem Jüngsten Ausschau hält, ist der schon viele Meilen von der Herde entfernt.
Die Sonne brennt groß und rot vom Himmel und niemand ist da, der seine heißen Sohlen kühlt.
Er schleicht an einer Löwenfamilie vorbei, die in der Mittagshitze döst.

„Wie gut, dass ich so ein kleiner Elefant bin!“, denkt Eddy. „Sonst hätten die mich längst entdeckt!“
Aber die Löwen sind müde nach der nächtlichen Jagd und nicht an kleinen Elefanten interessiert.

Am Abend muss Eddy einen Fluss überqueren.
Gut, dass so viele braune, glitschige Steine im Wasser liegen!
Flink hopst er von einem Stein zum nächsten.
Das macht ihm großen Spaß!
Kaum hat er das Ufer erreicht, erschrickt er furchtbar.

Er ist die ganze Zeit von einem Flusspferd auf das andere gehüpft.
Und die finden das gar nicht komisch!
Eddy zittern noch lang die Beine,
wenn er an die grässlich aufgerissenen Mäuler denkt.

Am Abend läuft Eddy eine endlose Straße lang, die durch die Wüste führt.
Er ist hungrig und müde.
Wie gern wäre er jetzt mit seiner Familie zusammen:
Sogar mit seinen beiden doofen Brüdern, wenn's sein muss.

Da nähert sich ein riesiger Geländewagen.
Zwei Männer springen aus dem Auto, sie fangen und fesseln Eddy,
so sehr er sich auch wehrt.
Niemand hört seine jämmerlichen Hilferufe.

Die Männer tragen ihn zum Auto und schieben ihn auf die Ladefläche.
„O je! Jetzt haben mich die Wilddiebe doch noch erwischt“, denkt Eddy.
Und ab geht’s mit quietschenden Reifen.

Die beiden Wilddiebe scheinen bester Laune zu sein.
Sie schwatzen und lachen, aber leider versteht Eddy ihre Sprache nicht.
Er hat nur schreckliche Angst.
Und kein großer Bruder ist da, der die bösen Männer auf den Boden wirft.

Aber dann kommt alles anders als gedacht.
„Wo bin ich denn hier gelandet?“, denkt Eddy.
Das Auto fährt durch ein lustiges Tor, ein kleiner Affe winkt ihm zu,
und bunte Papageien flattern kreischend durch die Luft.

Eine Horde von Elefantenkindern stürmt auf ihn zu.
„Willkommen in der Elefantenstation!“, sagt eine freundliche junge Frau.
Ein Storch und zwei Flamingos stolzieren herum.
Und die beiden Entführer sehen nun gar nicht mehr wie Wilddiebe aus.

Seit einer Woche ist Eddy jetzt in der Elefantenstation.
Ist er froh und glücklich, nicht bei den Wilddieben gelandet zu sein?
Leider nein. Er frisst nicht, und er will auch nicht mit den anderen Tierkindern spielen, so sehr sie sich auch Mühe geben, ihren neuen Freund aufzuheitern.

Alle gehen besorgt umher.
„Wenn Eddy nicht bald frisst, wird er sterben“, sagt Hamid, der Pfleger.
„Ich rufe gleich Doktor Jackson an“, sagt Emily, die freundliche junge Frau.
Und sie tut es.

„Eddy ist ein völlig gesunder kleiner Elefant“, sagt Dr. Jackson zu Emily.
„Keine Ahnung, warum er nicht frisst. Er kann es mir ja nicht sagen.“
Bevor er geht, sagt Dr. Jackson: „Der Einzige, der Eddy vielleicht noch helfen kann,
ist Zanzibar, der Medizinmann. Er versteht die Elefantensprache.“
Es vergeht eine Woche, in der es Eddy immer schlechter geht.

Dann kommt der Tag, an dem der Große Zanzibar
in die Elefantenstation und in das alte Rundhaus getragen wird.

Er hört Emily schweigend zu.
Dann fängt er leise murmelnd an, mit Eddy zu sprechen.
Und Eddy antwortet ihm in der Elefantensprache.
„Bitte, Großer Zanzibar“, flüstert er, „mach, dass ich nie erwachsen werde.“
„Lasst uns allein!“, sagt der alte Medizinmann zu Emily
und Baboo, dem kleinen Affen.

Nun sind Eddy und der Medizinmann schon seit Stunden im Rundhaus eingesperrt.
Was die da wohl treiben? Die Elefantenkinder bauen eine Pyramide,
um einen Blick ins Innere des Hauses zu werfen.
Ein roter Papagei fliegt auf das Dach
und berichtet seinen Freunden, was er hört und sieht.

Der Medizinmann tanzt ganz langsam im Kreise um Eddy herum
und murmelt einen Zauberspruch, immer denselben.
Was das wohl bedeutet? Eddy sitzt da und rührt sich nicht.
Es sieht aus, als würde er lächeln.
Bunte, süße Rauchschwaden ziehen durch das Haus.

Als Eddy am nächsten Morgen aus dem Tiefschlaf erwacht,
ist er frisch und munter. Aber was ist das?
Er reicht Emily nur noch bis zum Knie. Eddy ist geschrumpft!
Der Zauberspruch war wohl zu stark!

Eddy schrumpft immer weiter.
Ein paar Tage später ist er so klein, dass Emily ihn in einen Vogelkäfig sperren muss.
Es könnte ja einer aus Versehen auf ihn treten.
Wann wird er kleiner sein als Miriam, die Maus?

Emily fährt mit Eddy in das Dorf des Medizinmanns.
Aber der ist nach seiner Rückkehr plötzlich gestorben.
Sein Sohn ist der neue Medizinmann.
Er hat Medizin studiert, aber er kennt keine Zaubersprüche.
Und leider versteht er auch die Elefantensprache nicht.

Wieder daheim in der Elefantenstation schrumpft Eddy von Tag zu Tag.
Wann wird er so klein sein, dass seine Freunde ihn nicht mehr sehen?
Da öffnet der Papagei seinen Schnabel und krächzt:
ORI MOKO WANGU TIBI
BORA BORA SIMBA ZIBI

Das ist der Zauberspruch des Großen Zanzibar!
Der Papagei hat sich jedes Wort gemerkt!
Alle tanzen nun im Kreis um Eddy herum und singen:
ORI MOKO WANGU TIBI BORA BORA SIMBA ZIBI

Aber leider erreichen sie das Gegenteil.
Eddy schrumpft jetzt so schnell, dass man dabei zusehen kann.
Er ist jetzt schon kleiner als Miriam, die Maus.
Was haben sie bloß falsch gemacht?
Sie wollten doch den Zauberspruch rückgängig machen!

Auf einmal starren alle auf Baboo,
der rückwärts im Kreis um Eddy geht.

„Schlauer Baboo! Er will uns sagen,
dass wir *rückwärts* um Eddy gehen müssen,
um den Zauber *rückgängig* zu machen!“ Gesagt, getan.
Doch das ist gar nicht so einfach, wie du denkst!
Probier es ruhig einmal aus.

Und dann ist das passiert, was alle befürchtet haben. Die stundenlange Tanzerei und Singerei hat nur dazu geführt, dass Eddy jetzt ganz verschwunden ist. Als es dunkel wird, suchen die Freunde mit Taschenlampen nach dem kleinen Elefanten Keiner beachtet den winzigen Krümel auf dem Elefantenhocker.

Das ist Eddy!

Plötzlich kommt der rote Papagei durch die Nacht geflogen und setzt sich auf Hamids Schulter. Er schlägt mit den Flügeln und fängt zu brabbeln an. „Hört euch das an“, ruft der kleine Ahmed. „Er spricht ja den Zauberspruch *verkehrt* herum!“

„Genau!“ „Das muss es sein!“ „Das ist die Lösung!“ „Unsere letzte Hoffnung!“, rufen alle durcheinander. „Dass wir da nicht selber draufgekommen sind!“ Und dann tanzen sie im Kreis verkehrt herum und singen den Zauberspruch von hinten nach vorn. Das ist jetzt noch viel schwieriger, aber die Freunde halten aus, bis sie in der Morgendämmerung erschöpft zu Boden fallen.

Als die Elefantenstation am nächsten Morgen
zum Leben erwacht, sitzt Eddy quietschvergnügt auf seinem Podest.
Er ist jetzt fast wieder genau so groß wie damals, als er in die Station kam.
Und weil das keiner glauben würde, macht Ahmed zum Beweis ein Foto!

Einen Monat später zieht eine Elefantenherde an der Station vorbei.
Ein Ereignis, das sich die Menschen auf der Elefantenstation nicht entgehen lassen.
Was sie nicht wissen: Es ist Eddys Familie.

Eddy hebt den Rüssel und nimmt den Geruch auf, den er so gut kennt. Dann saust er wie der Blitz in Richtung Herde. Es sieht ganz so aus, als hätte er kein bisschen Angst mehr, erwachsen zu werden.

1 2 3 4 5 21 20 19 18 17

ISBN 978-3-446-25491-6

Satz im Verlag | Litho: SchwabScantechnik, Göttingen
Druck und Bindung: TBB, a. s., Banská Bystrica
Printed in Slovak Republic

Die alte Martha hat es nicht leicht, ganz allein auf ihrer Alm. Sie hält sich das Schwein Emil, damit sie im Winter genug zu essen hat. Als die Tage kürzer werden und sie Emil zum Schlachter bringen will, spürt das kluge Schwein sofort, dass etwas nicht stimmt. Er riecht den Braten geradezu. Und auch Martha kommt ins Zweifeln. Je näher die beiden dem Schlachthaus kommen, desto klarer wird sich Martha: Dort wird sie Emil niemals hinbringen! Und der nächste Winter? Wer Gutes tut, dem geschieht auch Gutes – so ist es jedenfalls bei Martha.

„Traxler zeichnet und erzählt mit wissender Unschuld, niemals naiv, aus einer zutiefst humanen Sicht. Bei ihm gibt es sie noch, die guten Dinge und Menschen …" *Hella Kemper, DIE ZEIT*

40 Seiten. Gebunden. ISBN 978-3-446-20434-8

Im Lauf eines Sommers kommen sich Franz und das Murmeltier Albert immer näher. Sie werden zu unzertrennlichen Freunden – bis der erste Schnee fällt, da ist Albert auf einmal spurlos verschwunden. Das sei ganz normal bei Murmeltieren, sagt Franz' Vater, die zögen sich nämlich zum Winterschlaf zurück. Hört sich anstrengend an, denkt Franz. Aber was sein Freund Albert schafft, das kann er auch: Er wird Winterschlaf halten, oben auf dem Dachboden, in einer großen alten Kiste. Doch Franz hält das nicht lange aus, er will wissen, ob es seinem Freund gut geht. Es beginnt ein gefährliches Abenteuer in der eisigen Winternacht.

„Natürlich akzentuiert Traxler die komischen Seiten, und weil er als routinierter Cartoonist Körperhaltungen und Mimik treffsicher zeichnet, ungeniert übertreibt und doch immer auch mit Sympathie hinschaut, ist ihm ein Buch gelungen, das viel mitschwingen lässt." *Hans ten Doornkaat, N.Z.Z.*

40 Seiten. Gebunden. ISBN 978-3-446-23328-7

Einsam haben sich Herr und Frau Lohmeier in ihrem Haus gefühlt, bis sie sich beim Bauern das kleinste übrig gebliebene Kätzchen besorgen. Sie nennen es Willi, weil Katzen so gut auf Namen mit möglichst vielen „i" hören. Willi ist süß, aber sonderbarerweise hört er nicht auf zu wachsen. Bald muss er auf dem Beifahrersitz sitzen, und Herr Lohmeier muss sein geliebtes Mittagsschlaf-Sofa räumen. Als Willi groß wie ein Nilpferd ist, rücken Raubtierfänger und Fernsehteams an. Die Polizei will ihn gar in einen Raubtierkäfig sperren. Aber da haben sie nicht mit den Lohmeiers gerechnet …

„Man kommt bei Traxlers Schaffenskraft kaum nach. Es ist eine Lust zu lesen. Die Lektüre von *Willi* ist eine Augenlust, so zahlreich sind die winzigen Details, die vom scharfen Blick Traxlers für seine Umgebung künden." *Andreas Platthaus, F.A.Z.*

32 Seiten. Gebunden. ISBN 978-3-446-24653-9

Alle in Sofies Familie sind begeisterte Blockflötenspieler, die Eltern, die drei Schwestern und der große Bruder. Nur Sofie ist ein wenig aus der Art geschlagen, obwohl sich doch alle so um sie bemühen. Ein Besuch am Füchsliberg bringt die große Wende, aber ganz anders, als alle erwartet hatten.
Nach „Komm, Emil, wir gehen heim" und „Franz, der Junge, der ein Murmeltier sein wollte" ist dies der dritte Band von Hans Traxlers Alpentrilogie für Kinder.

„Hans Traxler ist ein Künstler mit einem großen Herzen für Kinder, und mit großer Fantasie. Das beweist er auch mit diesem feinen Bilderbuch." *Heribert Prantl, Süddeutsche Zeitung*

32 Seiten. Gebunden. ISBN 978-3-446-24988-2